Jan Kuhl & seine Schulkinder

HOCHZEIT MACHEN IST SOOOO SCHÖN...

arsEdition

Wer heiratet darf den ganzen Tag knutschen -außer der Mann oder die Frau muss zur arbeit-

Mama sagt heute sie heiraten haben Schmetteling im Baum

Die das machen wollen sowieso
nur dauernd küssen – das weiß ich schon.

In der Kirche strahlen sich die die heiraten die ganze Zeit an

Zu einer Hochzeit
bringen die Leute
alles mit was sie
nicht mehr brauchen

Ihr dürft jetzt immer
ganz lang aufbleiben
und alle Sendungen
im Fernsehen kucken

und eure Mama
sagt euch jetzt
nicht mehr wann
ihr euer zimmer
aufräumen
müsst

Wer heiratet
hat immer einen
zum Spielen

Liebe geht durch den Magen – das tut bestimmt sauweh

Heiraten kann auch ganz schön anstrengend sein, weil einem jetzt keiner mehr das Schulbrot schmiert/ die wäsche wäscht

Leute, die heiraten, müss-
en danach immer in
einem Bett schlafen – das
wäre mir zu eng

Der Mann sagt
der Frau dann
Jeden Tag dass sie
Wunderschön ist auch
wen dasnichtstimmt

Heiraten ist wie Weihnachten,
weil man da ganz viel
geschenkt kriegt

Manche Leute die heiraten machen Babys – das ist ekklig

Wenn man heiratet & kriegt man von ganz vielen Leuten gehupt

Papa sagt, Verheiratet sein kann manchmal auch ganz schön anstrengend sein – sowie ein ganz langes Fußballspiel

Bei der Hochzeit muss die Frau ein weißes Kleid anziehen, damit der Mann sie bei den vielen Frauen noch erkennt

Das blöde ist das Ring, weil das geldschwendung

Manche Leute heiraten, damit ihnen der andere nicht mehr wegrennt

Manchmal kriegt die Frau dann so einen dicken Bauch- aber oft geht der auch wieder weg.

Dann müssen der Man und die Frau in einem Haus wohnen und den ganzen Tag auhreümen

Manche Männer

heiraten glaube ich damit sie nicht verhungern müssen, wenn ihre Mama mal nicht mehr da ist

Papa sagt, wer
heiratet ist so richtig
erwachsen, darum will
ich auch mal ~~heira~~
heiraten

Ich war schon mal dabei: da hat die Frau, die geheiratet hat, plötzlich einfach den schönen Blumenstrauß weggeschmissen.

Der Mann zieht immer einen schwarzen Anzug an und die Frau ein weißes Kleid die gucken zuviel schwarz weiß Fernsehn.

Das coole ist der Pfarrer der ~~s~~ sid aus wie ein Pinguin.

Dann kommen dauernd
Leute zu
einem und wollen
gratulieren

Wer heiratet mus immer Ein kaufen
oder Arbeiten

Hochzeit machen

ist

Sooo schön

weil: Küssen sexy sein

Wer heiratet muss Auch butzen

nach der hochzeit krigen die die
geheiratethaben vielegeschenke.

Wer heiratet muss jeden Sam-
stag die Straße fegen

Hochzeit machen ist sooo schön weil....

Sie wollen heiraten we-
il sie dann groß und
stark sind.

Manchmal Heiraten Leute weil sie nett genug geld haben!

Wenn welche Heiraten machen sie Sex

manch mal machen die Leute im bet sex ist schön unddan bekomt man bebis

Heiranten ist cool damit man kunschen kann

Mama sagt, Leute die heiraten haben Schmetterlinge im Bauch – das ist schön

Manchmal kommt so ein Priester und fragt:
„Willst du die Braut zur Frau nehmen?“

Ich finde ~~Here~~ Heiraten gut, weil man sich dann einen neuen Namen geben darf

Nach der Hochzeit fahren die geheiratet haben erst mal ganz weit weg, weil die nicht noch mehr Geld für die ganzen Hochzeitsgä-ste ausgeben wollen

Die Frau muss dann immer
ihr weißes Kleid anziehen, dass
jeder sieht, dass sie jetzt
verheiratet ist

ihr Könt zusamen ins Kino gehen

Ich will glaub ich nie heiraten, weil ich nämlich nicht entführt werden möchte

Heiraten kann auch ganz schön anstrengend sein, weil einem jetzt keiner mehr das Schulbrot schmiert

manch mal
Benemen Sich
die Frauenwie zicken

Wenn mann es schaft, mehr als 100 Jahre verheiratet zu sein, kriegt man vom Bürgermeister eine Karte – wie meine Oma

Immer wenn der Mann ein schlechtes Gewissen hat, schenkt er der Frau rote Rosen

Wen ich Heirate dann Will ich
eben eine schöne Mädschen

Das einzig doofe ist das Kleid, weil man da drüber stolpern kann.

Wenn man sich heiratet, solte man sich vorher zumidest schon gesehen haben

Mama sagt, Heiraten ist das schönste auf der ganzen Welt – weiß ich ned

Wenn man Heiratet muss der Mann jeden Morgen den Tisch decken.!

LUKAS Ramon Leo Hanni Samu Wiwi
Natschi Steven ALEX Max Saskia Alicia
Philip Max Linus Dilan Dan H.
Wilhelm Jonas Oguzhan
Sophie Josh Alef Bilal Jan K.

Text und Illustration: Jan Kuhl & seine Schulkinder, Dernbachschule, Herborn

ISBN 978-3-7607-3296-1

www.arsedition.de

FSC www.fsc.org MIX Papier | Fördert gute Waldnutzung FSC® C020056